Novena

SANTA CLARA

Por Neftalí Báez

CORAZÓN
RENOVADO

UN POCO DE HISTORIA

Fue la mujer más bella de su tiempo, rechazó la nobleza y las comodidades con que el mundo la recibió. Nació en Asís, Italia, en 1193. Sus padres eran miembros de la aristocracia. Su madre tuvo una visión en la que se le anunciaba que traería a una niña que encarnaba un nuevo amanecer de la Tierra y de los Cielos. Clara, arrodillada frente a San Francisco de Asís, prometió dejar el mundo material para entregarse como esclava al mundo espiritual. El santo la despojó de su hermosa cabellera con unas tijeras. Ella siempre prefirió el ayuno, estaba en permanente penitencia física; cedía sus mantas para abrigar a otras compañeras en el convento de San Damiano y les lavaba los pies.

Siempre hizo todo tipo de trabajos por más duros que fueran. Fundó la orden de las Clarisas. Santa Clara estuvo enferma 27 años en el convento de San Damiano, dando consejos y sirviendo con devoción y consolándose con el dolor que se procuraba. Fue como si ella hubiera absorbido todo el dolor que les correspondía a los demás para cambiárselos por cuidados, amor y respeto. En la Basílica de Santa Clara, en Asís, está su cuerpo y sus reliquias.

UN MILAGRO DE SANTA CLARA

Rossana era una niña de Veneto llegada a América en 1995. No podía soportar la luz del sol sin quemarse la piel ni que se le oscureciera la vista. Estaba encerrada en su cuarto y encendía y apagaba un foco, como si tuviera, en el filamento que se apagaba lentamente, todos los atardeceres que no vería nunca más. Sus padres la encomendaron a Santa Clara. Rossana fundió el foco un día y escapó por la ventana. Sus padres la hallaron curada, gritando y brincando a la luz del sol. En el foco fundido hallaron una mancha con la forma de Santa Clara.

ORACIÓN DIARIA

Santa Clara, tú dejaste la realeza para darnos fe y fortaleza. El Señor todo bondadoso y todo sabio, guía tus acciones y las palabras de tus labios. Hiciste palabras inmortales bordando hilos de luz: son acciones de tu gracia en el poder de la cruz. Dame claridad en tus señales, ven conmigo y rompamos todos los males. Despéjame ya el sendero, Santa Clara, que me acompañen las verdades que tu corazón me declara.

HAGA SU PETICIÓN

Aquí estoy hincado a tus pies. Con la luz de tus quinqués que no tienen comparación alumbra a este humilde feligrés que viene a hacerte esta petición.

Te ruego con todo mi corazón me concedas... (se hace la petición)

Esto es un asunto de interés te suplico tu atención me des. Concédeme lo que te pido en esta ocasión y con tu divina protección me ayudes, para que seas tú siempre mi salvación.

Padre Nuestro, que estás en el cielo, santificado sea tu nombre; venga a nosotros tu reino; hágase tu voluntad, en la tierra como en el cielo. Danos hoy nuestro pan de cada día; perdona nuestras ofensas, como también nosotros

perdonamos a los que nos ofenden; no nos dejes caer en la tentación, y líbranos del mal. Amén.

Dios te salve, María, llena eres de gracia, el Señor es contigo. Bendita tú eres entre todas las mujeres, y bendito es el fruto de tu vientre: Jesús. Santa María, Madre de Dios, ruega por nosotros, pecadores, ahora y en la hora de nuestra muerte. Amén.

Gloria al Padre, al Hijo y al Espíritu Santo. Como era en el principio, ahora y siempre, por los siglos de los siglos. Amén.

PRIMER DÍA

Clara santísima, contabas con piedras cada oración, mujer bellísima, trajiste al mundo una gran revolución. Despeja de este día y esta noche todo velo, toda ceguera; tráeme valía, aleja el duelo, fiel compañera. Hoy ante ti, recibo gracia, me hinco aquí, rechazo la aristocracia. Te despediste de la vanidad para sembrar calor en el camino de la santidad. Avanzo a las altas verdades, hasta las paredes son senderos verticales. Alumbra desde este instante mi santa jornada, que cada paso es una parte del cielo ganada.

Padre Nuestro, que estás en el cielo, santificado sea tu nombre; venga a nosotros tu reino; hágase tu voluntad, en la tierra como en el cielo. Danos hoy nuestro pan de cada día; perdona nuestras ofensas,

8

como también nosotros perdonamos a los que nos ofenden; no nos dejes caer en la tentación, y líbranos del mal. Amén.

Dios te salve, María, llena eres de gracia, el Señor es contigo. Bendita tú eres entre todas las mujeres, y bendito es el fruto de tu vientre: Jesús. Santa María, Madre de Dios, ruega por nosotros, pecadores, ahora y en la hora de nuestra muerte. Amén.

Gloria al Padre, al Hijo y al Espíritu Santo. Como era en el principio, ahora y siempre, por los siglos de los siglos. Amén.

SEGUNDO DÍA

Hermana de iluminación, madre de las grandes verdades, acompaña mi misión, farol que arde por las edades. Clara, así corto mi vanidad como te desprendiste de tus cabellos, vivo para los días verdaderos, lléname de seguridad. Cambiaste tu ropa fina por un gastado hábito, así dejo mi conducta antigua por el bien rápido. El dolor te encaminaba al cielo, pero tú nos invitaste al vuelo. Por ti, santa Clara, respetaré las vidas, pero acabaré con las mentiras; empezaré con las mías.

Padre Nuestro, que estás en el cielo, santificado sea tu nombre; venga a nosotros tu reino; hágase tu voluntad, en la tierra como en el cielo. Danos hoy nuestro pan de cada día; perdona nuestras ofensas, como también nosotros perdonamos a los que nos

10

ofenden; no nos dejes caer en la tentación, y líbranos del mal. Amén.

Dios te salve, María, llena eres de gracia, el Señor es contigo. Bendita tú eres entre todas las mujeres, y bendito es el fruto de tu vientre: Jesús. Santa María, Madre de Dios, ruega por nosotros, pecadores, ahora y en la hora de nuestra muerte. Amén.

Gloria al Padre, al Hijo y al Espíritu Santo. Como era en el principio, ahora y siempre, por los siglos de los siglos. Amén.

TERCER DÍA

Bondadosa mujer, belleza del más femenino poder, haz que la verdad surja y el camino se aclare, que escampe la duda y tu corazón me ame. Santa Clara: en mi lucha por la verdad me platicas con las flores, yo te oro y te siembro mi fe en cada paso hacia tus dones. Clara, cuando estaba perdido tu verdad me encontraba. Dame hoy la certeza para ir al encuentro de la verdadera grandeza.

Padre Nuestro, que estás en el cielo, santificado sea tu nombre; venga a nosotros tu reino; hágase tu voluntad, en la tierra como en el cielo. Danos hoy nuestro pan de cada día; perdona nuestras ofensas, como también nosotros perdonamos a los que nos ofenden; no nos dejes caer en la tentación, y líbranos del mal. Amén.

12

Dios te salve, María, llena eres de gracia, el Señor es contigo. Bendita tú eres entre todas las mujeres, y bendito es el fruto de tu vientre: Jesús. Santa María, Madre de Dios, ruega por nosotros, pecadores, ahora y en la hora de nuestra muerte. Amén.

Gloria al Padre, al Hijo y al Espíritu Santo. Como era en el principio, ahora y siempre, por los siglos de los siglos. Amén.

CUARTO DÍA

Santa Clarita, bendita dama de bondad infinita, hoy por ti empiezo el ayuno de falsedades, que en mi boca sólo estén respuestas espirituales. El hábito se viste en los ojos, la oración se hace usando las manos, voy a desatar mi voluntad a los otros y ayudarte con mis hermanos. Santifica mi pobreza y dame valor divino, acércame a un suave destino y a todo aquel que te reza. Cada día de esta novena es una página de tu vida en mí, nuestros años son continuación de la santa Biblia sin fin.

Padre Nuestro, que estás en el cielo, santificado sea tu nombre; venga a nosotros tu reino; hágase tu voluntad, en la tierra como en el cielo. Danos hoy nuestro pan de cada día; perdona nuestras ofensas, como también nosotros

perdonamos a los que nos ofenden; no nos dejes caer en la tentación, y líbranos del mal. Amén.

Dios te salve, María, llena eres de gracia, el Señor es contigo. Bendita tú eres entre todas las mujeres, y bendito es el fruto de tu vientre: Jesús. Santa María, Madre de Dios, ruega por nosotros, pecadores, ahora y en la hora de nuestra muerte. Amén.

Gloria al Padre, al Hijo y al Espíritu Santo. Como era en el principio, ahora y siempre, por los siglos de los siglos. Amén.

QUINTO DÍA

Piadosa santa de Asís, que en el Oficio de la Cruz eres feliz. La verdad huele a mañana, a lluvia, sabe al viento que se forma bajo tu cara. Cuando doy mi amor y mi vida tú me haces de tu familia. Milagrosa Santa Clara: eres recompensada en la eternidad, visítame a diario y protégeme con tu santidad. En las cinco llagas del Señor encontraste una puerta, hacia nosotros para llevarnos a Él, dame ya la verdad abierta, para que vivamos en ti también.

Padre Nuestro, que estás en el cielo, santificado sea tu nombre; venga a nosotros tu reino; hágase tu voluntad, en la tierra como en el cielo. Danos hoy nuestro pan de cada día; perdona nuestras ofensas, como también nosotros perdonamos a los que nos ofenden; no nos dejes caer

16

en la tentación, y líbranos del mal. Amén.

Dios te salve, María, llena eres de gracia, el Señor es contigo. Bendita tú eres entre todas las mujeres, y bendito es el fruto de tu vientre: Jesús. Santa María, Madre de Dios, ruega por nosotros, pecadores, ahora y en la hora de nuestra muerte. Amén.

Gloria al Padre, al Hijo y al Espíritu Santo. Como era en el principio, ahora y siempre, por los siglos de los siglos. Amén.

SEXTO DÍA

Madonna Clara, patrona de mi revelación, tu mano salva, voy con tu bendición. Haz que hoy sea el día de compartir nuevas verdades, en familia, en pueblos, aquí y en todas las ciudades. Te anunciaste a tu madre antes de nacer, ahora yo te anuncio a tus demás hermanos, te invito a nuestro diario quehacer en que juntos nos elevamos. Santa Clara: derrama en mí la vida de la luz y que me conduzca por los perdones del mundo, para acercarme más a Jesús y que me vuelva misionero del bien más profundo.

Padre Nuestro, que estás en el cielo, santificado sea tu nombre; venga a nosotros tu reino; hágase tu voluntad, en la tierra como en el cielo. Danos hoy nuestro pan de cada día; perdona nuestras ofensas, como también nosotros

perdonamos a los que nos ofenden; no nos dejes caer en la tentación, y líbranos del mal. Amén.

Dios te salve, María, llena eres de gracia, el Señor es contigo. Bendita tú eres entre todas las mujeres, y bendito es el fruto de tu vientre: Jesús. Santa María, Madre de Dios, ruega por nosotros, pecadores, ahora y en la hora de nuestra muerte. Amén.

Gloria al Padre, al Hijo y al Espíritu Santo. Como era en el principio, ahora y siempre, por los siglos de los siglos. Amén.

SÉPTIMO DÍA

Bendita Clara: acaudalada de virtudes, pobre al mundo, amada por multitudes, en Dios tienes tu rumbo. Derrama sobre mí tu enseñanza como a las monjas del convento les diste esperanza. Te ruego me des la libertad que es producto de la veracidad. Déjame unir mi franqueza a la justicia de la divina alteza. Mi cuerpo puede estar cautivo, pero mi mente nunca, mi espíritu está contigo, mi sangre te escucha. Ya una vez multiplicaste unos panes, dame hoy el poder de duplicar mis verdades. Gracias, hermosa Clarita, gloria a Dios; con tu gracia bendita: no estoy solo ya somos dos.

Padre Nuestro, que estás en el cielo, santificado sea tu nombre; venga a nosotros tu reino; hágase tu voluntad, en la tierra como en el cielo. Danos hoy nuestro pan de cada día; perdona nuestras ofensas, como también nosotros perdonamos a los que nos ofenden; no nos dejes caer en la tentación, y líbranos del mal. Amén.

Dios te salve, María, llena eres de gracia, el Señor es contigo. Bendita tú eres entre todas las mujeres, y bendito es el fruto de tu vientre: Jesús. Santa María, Madre de Dios, ruega por nosotros, pecadores, ahora y en la hora de nuestra muerte. Amén.

Gloria al Padre, al Hijo y al Espíritu Santo. Como era en el principio, ahora y siempre, por los siglos de los siglos. Amén.

OCTAVO DÍA

Milagrosa dama de la claridad, cada palabra es un salto, dame siempre veracidad y dirígeme en cada paso. Te anudabas una soga para recordar las heridas de Cristo, yo te ofrezco desde ahora todo el bien que he hecho desde que existo. Clara santita, supiste ser madre de cada monja, de cada hermanita. Mete tus manos a las dudas del mundo, que estoy en tu bendita tranquilidad, y cuando la verdad surja de lo profundo, anidas en mi nombre tanta credibilidad. En la luz de tu sencillez te bendigo, vivo en tu calidez porque voy contigo.

Padre Nuestro, que estás en el cielo, santificado sea tu nombre; venga a nosotros tu reino; hágase tu voluntad, en la tierra como en el cielo. Danos hoy nuestro pan de cada día; perdona nuestras ofensas, como también nosotros perdonamos a los que nos ofenden; no nos dejes caer en la tentación, y líbranos del mal. Amén.

Dios te salve, María, llena eres de gracia, el Señor es contigo. Bendita tú eres entre todas las mujeres, y bendito es el fruto de tu vientre: Jesús. Santa María, Madre de Dios, ruega por nosotros, pecadores, ahora y en la hora de nuestra muerte. Amén.

Gloria al Padre, al Hijo y al Espíritu Santo. Como era en el principio, ahora y siempre, por los siglos de los siglos. Amén.

NOVENO DÍA

Altísima patrona de la verdad y la humildad: Clara, reluciente madre de toda sinceridad. Tanto te alabo pero más te ayudo, te oro y te alejo de todo olvido. Tu nombre es las acciones de mis manos, en favor de la verdad mía y la de mis hermanos. Sé hoy mi faro, mi estrella guía, del buen samaritano hazme su compañía. Estás en mi boca cuando mi palabra mata mentiras, más brillante que el oro y el sol es cuando tú me miras. Andar camino es ayudar, bendita seas amiga que sabes siempre dar.

Padre Nuestro, que estás en el cielo, santificado sea tu nombre; venga a nosotros tu reino; hágase tu voluntad, en la tierra como en el cielo. Danos hoy nuestro pan de cada día; perdona nuestras ofensas, como también nosotros perdonamos a los que nos ofenden; no nos dejes caer en la tentación, y líbranos del mal. Amén.

Dios te salve, María, llena eres de gracia, el Señor es contigo. Bendita tú eres entre todas las mujeres, y bendito es el fruto de tu vientre: Jesús. Santa María, Madre de Dios, ruega por nosotros, pecadores, ahora y en la hora de nuestra muerte. Amén.

Gloria al Padre, al Hijo y al Espíritu Santo. Como era en el principio, ahora y siempre, por los siglos de los siglos. Amén.

ORACIÓN FINAL

Clara de Asís, tu fe y tu mirada me hacen feliz. Te ofrezco mi humildad y limpio mis actos, voy con verdad cumpliendo mis pactos. Es momento de las aclaraciones del alma, estoy completo, abandono toda arma. La verdad y tu perdón ahora me hacen libre, dame un camino de aprendizaje que me equilibre. Haz de mi cuerpo tu sencillo templo, que empiece la misa de las santas sonrisas, para compartirla con los demás todo el tiempo: es tu Orden de las Hermanas Clarisas. Gracias Santa Clara, mi alma es tu faro y tu corazón es la llama.

Padre Nuestro, que estás en el cielo, santificado sea tu nombre; venga a nosotros tu reino; hágase tu voluntad, en la tierra como en el cielo. Danos hoy nuestro pan de cada día;

perdona nuestras ofensas, como también nosotros perdonamos a los que nos ofenden; no nos dejes caer en la tentación, y líbranos del mal. Amén.

Dios te salve, María, llena eres de gracia, el Señor es contigo. Bendita tú eres entre todas las mujeres, y bendito es el fruto de tu vientre: Jesús. Santa María, Madre de Dios, ruega por nosotros, pecadores, ahora y en la hora de nuestra muerte. Amén.

Gloria al Padre, al Hijo y al Espíritu Santo. Como era en el principio, ahora y siempre, por los siglos de los siglos. Amén.

Papá Dios: que tu sabiduría nos guíe; que tu luz ilumine nuestro camino; que tu amor nos de paz; que tu poder nos proteja, y que por donde quiera que caminemos, tu presencia nos acompañe. Gracias Papá Dios que ya nos óiste. Amén.